NÜTZLICHES BÄRLAUCH-WISSEN

BÄRLAUCH FRISCH EINGETROFFEN

AUF DEM TITELBILD SEHEN SIE DAS REZEPT SCHAFKÄSE IM BÄRLAUCH-MANTEL VON SEITE 11.

KLASSIKER NEU AUFGELEGT

BÄRLAUCH CROSSOVER

KLEINE BÄRLAUCH-KUNDE

WANN GIBT'S DEN BESTEN BÄRLAUCH?

KANN ICH BÄRLAUCH SELBST SAMMELN?

KANN ICH DIE GANZEN BLÄTTER VERWENDEN?

WIE KRIEGE ICH BÄRLAUCH AM BESTEN KLEIN?

DARF BÄRLAUCH MITKOCHEN?

Von März bis Mai. Zu Beginn der Saison sind die Blätter noch klein und zart und haben ein besonders feines **Knoblaucharoma.** Kräftig schmecken sie dann im Mai. Die Bärlauchsaison endet mit der Blütezeit, spätestens wenn sich die Blätter im Juni gelb färben.

Wo Bärlauch wächst, verrät der Duft. Am besten in Buchen- und Laubmischwäldern nach dem zarten Knoblaucharoma suchen, auf jeden Fall **abseits von Straßen** und Hundewiesen. Vorsicht Doppelgänger! Die extrem giftigen Blätter von Maiglöckchen und Herbstzeitlosen sehen Bärlauch zum Verwechseln ähnlich. Ihnen fehlt jedoch der typische Knoblauchduft. Deshalb vor dem Pflücken **erst schnuppern!** Und nicht zu viele Blätter abschneiden. Selbst gesammelte Blätter dann sorgfältig verlesen. Auch Schnecken mögen Bärlauch.

Lange und kräftige Stiele immer abschneiden. Bei großen Blättern im Mai und Juni am besten auch die dicken **Mittelrippen entfernen.** Dazu das Bärlauchblatt in der Mitte knicken, dann die Rippe mit einem scharfen Messer wegschneiden.

Für die Bärlauchküche brauchen Sie kein großes Equipment: Ein großes, **scharfes Messer** und ein Küchenbrett reichen, um die Blätter zu schneiden. Für feine Bärlauchstreifchen (Chiffonade) mehrere Blätter **übereinanderlegen, längs aufrollen** und quer mit einem scharfen Messer glatt schneiden. Mit einem Pürierstab lassen sich Pesto, Würzöle oder Schaumsaucen superschnell zubereiten. Bärlauch vor dem Pürieren unbedingt grob zerschneiden. Sonst verheddern sich die langen Blattfasern und der Pürierstab streikt. Bärlauch grundsätzlich erst **in letzter Minute zupfen,** hacken oder in Streifchen schneiden. Sonst verflüchtigt sich sein Aroma.

Nein! Denn im Gegensatz zu Thymian oder Rosmarin verträgt der grüne Wilde keine hohen Temperaturen. Am besten die klein geschnippelten Blätter zum Schluss, **vor dem Servieren, über das fertige Gericht streuen** oder untermischen.

SO BLEIBT BÄRLAUCH AROMATISCH

Bärlauch schmeckt und duftet intensiv. Oft reichen schon wenige Blätter, um einem Gericht Aroma-Kick zu verpassen. Sie haben ein dickes Bund gekauft? So können Sie übrige Blätter aufbewahren:

1 IM KÜHLSCHRANK AUFHEBEN Bärlauch in einen Gefrierbeutel packen. Beutel wie einen Luftballon aufblasen, dann verschließen und in den Kühlschrank legen, allerdings höchstens für drei Tage. Doch Vorsicht: In der Nachbarschaft gelagerte Lebensmittel, vor allem Milchprodukte, nehmen das starke Aroma leicht an.

2 FROSTEN Tiefgekühlt darf Bärlauch monatelang gelagert werden. Einen kleinen Aromaverlust müssen Sie jedoch in Kauf nehmen. Am besten Bärlauch in Mini-Mengen einfrieren: Dazu die gewaschenen Blätter sehr fein schneiden, dicht in die Fächer der Eiswürfelschale füllen, mit wenig Wasser aufgießen und ins Tiefkühlgerät stellen. Die gefrosteten Bärlauchwürfel in Gefrierbeutel umfüllen und ganz nach Bedarf portionsweise rausnehmen.

3 IN ÖL KONSERVIEREN 1 dickes Bund Bärlauch waschen, trockentupfen, ohne die groben Stiele zerschneiden. In einem hohen Becher mit 1 TL Meersalz und 3–4 EL kaltgepresstem Öl (Raps-, Sonnenblumen- oder Olivenöl) mit dem Stabmixer kurz pürieren. Die Paste in ein Schraubverschlussglas geben und so viel Öl darüberträufeln, dass der Bärlauch gut bedeckt ist. Das Glas verschließen und im Kühlschrank aufheben. Die Paste hält monatelang.

4 PESTO ZUBEREITEN 1 sehr dickes Bund Bärlauch (ca. 100 g) waschen, trockentupfen, ohne die groben Stiele zerschneiden. 25 g Mandelstifte in einer Pfanne ohne Fett anrösten. In einem hohen Becher mit dem geschnittenen Bärlauch, 1 TL Meersalz, 25 g frisch geriebenem Parmesan, etwas grob gemahlenem Pfeffer und ca. 50–80 ml kaltgepresstem Olivenöl pürieren. Das Pesto hält sich – gut verschlossen und mit Öl bedeckt – bis zu 4 Wochen im Kühlschrank. Tipp: Pesto ebenso wie Bärlauch in Öl am besten in kleine Gläschen füllen (z. B. in Kaperngläschen). Aus größeren Gläsern Portionen immer nur mit einem sauberen Löffel entnehmen! Was Sie mit dem Pesto machen können, erfahren Sie auf den folgenden Seiten.

1
3
4
2

SECHS IDEEN MIT BÄRLAUCH-PESTO

Pesto kann mehr als nur Spaghetti glücklich machen. Das lässt sich ebenfalls ganz schnell mit der Bärlauch-Würze aus dem Glas zaubern:

FRÜHLINGSFRISCHE VORSPEISE 100 g gemischte Blattsalate waschen, trockenschleudern und auf zwei Tellern verteilen. 1 kleine Möhre schälen und in hauchfeinen Scheibchen darüberhobeln. 1 EL Pesto mit 1 EL Weißweinessig und 2 EL Olivenöl glatt rühren. Mit Salz und Pfeffer kräftig würzen, über die Salate geben. Mit Bärlauch- oder Gänseblümchenblüten garnieren.

BÄRLAUCH-CROQUE Ofen auf 220° (Umluft 200°) vorheizen. 2 Eigelbe mit 40 g geraspeltem Comté-Käse und 1 EL Pesto verquirlen, leicht salzen. 2 Scheiben Toast dünn mit Pesto bestreichen. Je 1 Scheibe gekochten Schinken auflegen, die Käsemischung darauf verteilen. Toasts im heißen Ofen ca. 5 Min. überbacken. Mit Pfeffer übermahlen und sofort servieren.

SCHNITZELRÖLLCHEN Pro Person 2 dünne Kalbsschnitzelchen (80 g) salzen, pfeffern und mit je 1 EL Pesto bestreichen. Je 1 in Öl eingelegte getrocknete Tomate würfeln und über das Pesto streuen. Schnitzelchen aufrollen, mit Zahnstochern feststecken und in heißem Öl scharf

anbraten. Mit etwas Weißwein oder Brühe ablöschen und 10–12 Min. weitergaren.

SCHNELLER DIP zu Ofenkartoffeln, Ei und jungem Gemüse. Backofen auf 200° vorheizen. Eine flache Form, z. B. eine Quicheform dünn einölen, mit 1 EL grobem Meersalz und 2 zerkrümelten Lorbeerblättern bestreuen. 6–8 kleine Bio-Kartoffeln unter fließendem Wasser abbürsten, trocknen, halbieren und mit der Schnittfläche auf das Öl setzen. Die Kartoffeln im heißen Backofen (Mitte, Umluft 180°) in 25–30 Min. garen, mit hart gekochtem Ei und Rohkost (Mai-Rübchen, Möhren, Gurke, Kohlrabi oder Radieschen) zum Pesto servieren.

WÜRZIGES GEMÜSESÜPPCHEN Gemischtes Gemüse (z. B. 1 mehlig kochende Kartoffel, 1 zarte Stange Lauch, 1 Stange Staudensellerie, 1 Möhre und 1 Handvoll grüne Bohnen) waschen bzw. schälen und klein schnippeln. 2 Tomaten häuten und würfeln. 1 Knoblauchzehe und 1 Schalotte schälen, fein hacken und in 1 EL Olivenöl andünsten. Gemüse unterrühren. So viel Gemüsebrühe zugießen, dass das Gemüse knapp bedeckt ist. Das Süppchen zugedeckt 20–30 Min. köcheln lassen. Mit Salz und Pfeffer kräftig würzen, mit je 1 Klecks Pesto servieren.

VEGGIE-DÖNER Ofen auf 200° (Umluft 180°) vorheizen. Für 2 Döner 2 EL Pesto mit 100 g Naturjoghurt verrühren, mit Salz, Zitronensaft und Pul-Biber-Paprikaflocken abschmecken. 1 kleine Zwiebel schälen und in Ringe hobeln. 1 Fleischtomate waschen, in dünne Scheiben schneiden, salzen und pfeffern. 1 Stück Gurke (ca. 10 cm) waschen und in feine Scheibchen hobeln. 2 kleine Fladenbrote in 4–5 Min. im Ofen aufbacken, aufschneiden, mit Schafkäse, Tomaten, Gurken, Zwiebeln und Sauce füllen.

BÄRLAUCH FRISCH EINGETROFFEN

schnelle Spießchen

SCHAFKÄSE
IM BÄRLAUCH-MANTEL

1 Bund Bärlauch ++ 5 EL Olivenöl ++ 1 Knoblauchzehe ++ Salz ++ Pfeffer, grob gemahlen ++ 200 g Feta-Schafkäse ++ 8 Kirschtomaten ++ 4 große Holzspieße

Für 2 Personen | Zubereitung **20 Min.** | Marinierzeit **mind. 2 Std.**
Pro Person ca. **475 kcal, 16 g EW, 42 g Fett, 10 g KH**

1 Bärlauch waschen und trockentupfen. 12 schöne große Blätter beiseitelegen, die übrigen ohne grobe Stiele klein schneiden und mit 4 EL Öl vermischen. Knoblauch schälen und dazupressen. Das Würzöl leicht salzen und kräftig pfeffern.

2 Schafkäse längs durchschneiden. Hälften in jeweils sechs Rechtecke schneiden. Diese mit dem Würzöl beträufeln und zugedeckt im Kühlschrank mind. 2 Std. marinieren.

3 Tomaten waschen, halbieren, salzen und pfeffern. Auf jeden Holzspieß 1 Tomatenhälfte stecken. Je 1 Schafkäse-Rechteck quer auf 1 Bärlauchblatt legen, darin aufrollen und auf den Holzspieß stecken. Auf jeden Spieß insgesamt 4 Tomatenhälften und 3 Röllchen aufstecken.

4 Öl in einer beschichteten Pfanne erhitzen. Spieße vorsichtig in die Pfanne legen. 1–2 Min. bei nicht zu hoher Temperatur braten, wenden und 1–2 Min. weiterbraten, bis der Schafkäse erhitzt ist. Spieße sofort servieren.

mit Roastbeef

SPINATSALAT MIT MANGO-BÄRLAUCH-DRESSING

1 kleines Bund Bärlauch
1 Romanasalatherz
100 g zarter Babyspinat
2 EL Limettensaft
4 EL Olivenöl
Salz | Pfeffer
1/2 Bund dünne Frühlingszwiebeln
1 kleines Stück frische rote Chilischote (ca. 1 cm)
1 kleine reife Mango (ca. 350 g)
100 g Roastbeef in dünnen Scheiben

Für 2 Personen | Zubereitung **25 Min.** | Pro Person ca. **360 kcal, 16 g EW, 20 g Fett, 29 g KH**

1 Bärlauch waschen und trockentupfen. Einige zarte Blätter ohne die groben Stiele in Streifen schneiden. Restliche Blätter fein schneiden.

2 Salatherz putzen. Blätter kleiner zupfen. Spinat verlesen. Salat- und Spinatblätter mehrmals in stehendem Wasser waschen und trockenschleudern. Mit den Bärlauchstreifchen mischen und auf zwei großen Tellern auslegen.

3 Limettensaft mit dem Olivenöl, Salz und Pfeffer verrühren, am besten mit einem Schneebesen. Gehackten Bärlauch unterrühren. Frühlingszwiebeln putzen, waschen, in Ringe schneiden und zum Bärlauch-Dressing geben. Chilistück waschen, fein würfeln und ebenfalls dazugeben. Die Mango schälen. Fruchtfleisch vom Stein schneiden und nach Belieben fein würfeln oder in gröbere Stücke schneiden. Mangostücke und Dressing mischen, mit Salz und Pfeffer abschmecken.

4 Dressing über dem Spinatsalat verteilen. Roastbeef-Scheiben leicht aufrollen und darauflegen. Den Salat sofort servieren, z. B. mit Baguette.

Low-budget-Snack

BÄRLAUCH-RÖSTI
MIT KARAMELLISIERTEM GEMÜSE

1 Bund Bärlauch
2 dünne Stangen Lauch
1 Möhre
400 g fest kochende Kartoffeln
Salz | Pfeffer
Muskatnuss, frisch gerieben
1 1/2 TL Puderzucker
3 EL Butterschmalz
50 ml Gemüsefond
(aus dem Glas; ersatzweise Brühe)

Für 2 Personen | Zubereitung **30 Min.** | Pro Person ca. **395 kcal, 9 g EW, 19 g Fett, 45 g KH**

1 Bärlauch waschen, trockentupfen und sehr fein schneiden. Lauch putzen, gründlich waschen und schräg in gut 1 cm dicke Ringe schneiden. Möhre schälen und in Scheibchen schneiden. Kartoffeln schälen, grob raspeln, mit den Händen ausdrücken, trockentupfen und mit der Hälfte des Bärlauchs, 1/2 TL Salz und je 1 Prise Pfeffer und Muskat würzen.

2 Puderzucker in 1 EL Butterschmalz bei milder Hitze leicht bräunen. Lauch und Möhren einrühren und dabei karamellisieren lassen. Den Fond angießen. Gemüse zugedeckt bei kleiner Hitze in 3–4 Min. knapp bissfest dünsten. Dann beiseitestellen.

3 In einer Pfanne 1 EL Butterschmalz erhitzen. Jeweils 1 EL Kartoffelmischung aufnehmen, auf dem Löffel an der Schüsselwand nochmals ausdrücken, dann in die Pfanne geben. Die Kartoffelhäufchen etwas am Pfannenboden festdrücken und in 4–5 Min. goldbraun backen.

4 Die Rösti vorsichtig wenden und in 4–5 Min. fertig backen. Auf die beschriebene Weise weitere zwei Rösti-Portionen backen. Fertige Rösti im Ofen bei 70° warm halten. Das Gemüse nochmals erwärmen und mit dem übrigen Bärlauch bestreut zu den Rösti servieren.

MEIN SERVIER-TIPP

Über jedes Rösti jeweils etwas Gemüse häufeln und mit einem Klecks **Bärlauch-Schmand** garnieren. Dafür 1/2 Bund Bärlauch waschen und klein schneiden, mit 4 EL Schmand, 1–2 EL Wasser und 1 durchgepressten Knoblauchzehe glatt rühren. Den Bärlauch-Schmand mit Salz und Cayennepfeffer abschmecken.

Gemüse zum Sattessen

FRÜHLINGSGEMÜSE
MIT BÄRLAUCH-CRUMBLE

60 g Butter
1 Bund Bärlauch
40 g Mehl
40 g Paniermehl (am besten frisch gerieben)
40 g Parmesan, frisch gerieben
1 Bund grüner Spargel
1 Zucchino
1 Fenchelknolle
1 Handvoll Cocktailtomaten
Salz | Pfeffer
1 EL Olivenöl

Für 2 Personen | Zubereitung **20 Min.** | Garzeit **20–25 Min.**
Pro Person ca. **595 kcal, 21 g EW, 38 g Fett, 42 g KH**

1 Backofen auf 200° (Umluft 180°) vorheizen. Eine flache ofenfeste Form (z. B. Quicheform) großzügig mit Butter einreiben. Restliche Butter in Stückchen schneiden. Bärlauch waschen, trockentupfen und ohne die groben Stiele fein schneiden. Die Hälfte mit Butterstückchen, Mehl, Paniermehl und Parmesan vermischen, schnell mit den Fingerspitzen zu Streuseln verkneten. Diese kühl stellen.

2 Gemüse getrennt waschen und putzen. Spargelenden großzügig abschneiden, die Stangen in 2–3 cm große Stücke schneiden. Zucchini in 2–3 mm dünne Scheibchen schneiden. Fenchel längs halbieren, Hälften quer ohne den Strunk in dünne Streifen schneiden. Cocktailtomaten halbieren. Gemüse nebeneinander (nicht vermischt!) in die Form legen. Alles kräftig mit Salz, Pfeffer und restlichem Bärlauch würzen. Öl darüberträufeln. Im heißen Ofen (Mitte) 10 Min. garen.

3 Temperatur auf 220° (Umluft 200°) erhöhen und das Gemüse aus dem Ofen nehmen. Streusel aufstreuen, dabei einen kleinen Rand frei lassen. Gemüse weitere 10–15 Min. im Ofen backen, bis die Streusel knusprig sind und das Gemüse bissfest gegart ist.

ICH MAG KEINEN FENCHEL. KANN ICH WAS ANDERES NEHMEN?

Klar – beim Gemüse darf natürlich variiert werden: Probieren Sie einfach mal Lauchringe, längs halbierte Frühlingszwiebeln oder Streifen von roten oder gelben Paprikaschoten mit Bärlauch-Crumble.

LAMMTOPF

mit viel Sauce

MIT BÄRLAUCH-GREMOLATA

1 Knoblauchzehe
2 Schalotten
1/2–1 frische grüne Chilischote
1 Stange Staudensellerie
1 kleines Bund Bärlauch
400 g Lammfleisch (aus der Keule)
1 EL Olivenöl | Salz | Pfeffer
1 kleine Dose Tomaten (400 g)
100 ml trockener Rotwein (ersatzweise Brühe)
1/2 Bund Schnittlauch
1/2 Bio-Zitrone
Muskatnuss, frisch gerieben

Für 2 Personen | Zubereitung **35 Min.** | Garzeit **60 Min.**
Pro Person ca. **945 kcal, 30 g EW, 81 g Fett, 17 g KH**

1 Knoblauch und Schalotten schälen. Chili und Sellerie putzen und waschen. Alles fein würfeln. Bärlauch waschen, trockentupfen und klein schneiden. Fleisch in 1–2 cm große Würfel schneiden.

2 Öl in einem Schmortopf stark erhitzen. Fleisch darin in zwei Portionen je 2–3 Min. rundherum anbraten, aus dem Topf nehmen, salzen und pfeffern. Gemüsewürfel und 2 EL klein geschnitteten Bärlauch im Schmortopf in 1–2 Min. glasig anbraten. Dosentomaten klein schneiden, mit dem Wein und dem Fleisch dazugeben. Alles aufkochen und zugedeckt bei schwacher Hitze ca. 50 Min. schmoren, dann 5–10 Min. ohne Deckel weiterköcheln lassen.

3 Für die Gremolata den Schnittlauch waschen, in feine Röllchen schneiden und mit dem restlichen Bärlauch mischen. Zitrone heiß waschen und trockenreiben; die Schale abreiben und untermischen. Gremolata mit Salz, Pfeffer und 1 Prise Muskat würzen. Den Lammtopf mit Salz und Pfeffer abschmecken. Die Gremolata getrennt dazu reichen und beim Essen drüberstreuen.

KLASSIKER NEU AUFGELEGT

schön saftig

BÄRLAUCH-KARTOFFEL-SALAT
MIT RÄUCHERFISCH

400 g vorwiegend festkochende Kartoffeln ++ 1 kleine rote Zwiebel ++ ca. 125 ml gut gewürzte Gemüsebrühe ++ 1 TL Dijon-Senf ++ 2 EL Aceto balsamico bianco ++ Salz ++ Pfeffer ++ Zucker ++ 1 Bund Bärlauch ++ 4 EL Sonnenblumenöl ++ 2 geräucherte Saibling- oder Forellenfilets

Für 2 Personen | Zubereitung **40–50 Min.** | Marinierzeit **2 Std.**
Pro Person ca. **620 kcal, 27 g EW, 40 g Fett, 37 g KH**

1 Kartoffeln in 20–30 Min. weich kochen, abgießen und etwas abkühlen lassen. Pellen, in dünne Scheiben schneiden und in eine Schüssel geben. Zwiebel schälen und fein würfeln. Knapp 100 ml Brühe mit Senf, Balsamicoessig, 1 kräftigen Prise Salz, Pfeffer und 1 Prise Zucker verrühren und aufkochen. Zwiebelwürfel kurz mitkochen, dann alles über die Kartoffeln gießen und mischen. Falls die Kartoffeln viel Flüssigkeit aufsaugen, noch etwas Brühe drübergießen.

2 Bärlauch waschen, trockentupfen und bis auf 4 Blätter ohne die groben Stiele sehr fein schneiden, mit dem Öl verrühren und unter die Kartoffeln mischen. Den Salat 2 Std. ziehen lassen.

3 Restliche Bärlauchblätter in feine Streifchen schneiden. Den Salat damit bestreuen und mit den geräucherten Fischfilets anrichten.

SPARGEL

fein-
würzige
Kombi

MIT BÄRLAUCH-OLIVEN-PÜREE

1 kleines Bund Bärlauch ++ 2–3 EL Olivenöl ++ 3 EL grüne Oliven ohne Stein ++ 1 Schalotte ++ Salz ++ Pfeffer ++ Zucker ++ 1–2 TL Weißweinessig ++ 800 g weißer Spargel

Für 2 Personen | Zubereitung: **30 Min.** | Pro Person ca. **220 kcal, 9 g EW, 14 g Fett, 15 g KH**

1 Bärlauch waschen und trockentupfen. Blätter ohne die groben Stiele kleiner schneiden und mit dem Öl fein pürieren. Oliven sehr fein hacken und unterrühren. Schalotte schälen, fein würfeln und unterrühren. Das Püree mit Salz, Pfeffer, 1 Prise Zucker und dem Essig abschmecken, kühl stellen.

2 Reichlich Wasser aufkochen. Spargel waschen; Stangen gründlich schälen, holzige Enden abschneiden. Spargelstangen in sprudelnd kochendem Wasser mit je 1 TL Salz und Zucker 12–14 Min. kochen lassen. Abgießen und sofort mit dem Püree servieren.

MEIN SERVIER-TIPP

Dazu kleine neue **Kartoffeln** und 80 g **Bresaola** oder **Parmaschinken** servieren: Fein!

lässt sich gut vorbereiten

BÄRLAUCH-NOCKEN
MIT GESCHMOLZENEN TOMATEN

1 Bund Bärlauch
2–3 getrocknete Tomaten in Öl
2–3 kräftig rote Eier- oder Strauchtomaten
Salz | Pfeffer | Zucker
1 1/2 EL Olivenöl
1 Knoblauchzehe
300 ml Gemüsebrühe
150 ml Milch
100 g Maisgrieß (Polenta)
50 g Parmesan, frisch gerieben

Für 2 Personen | Zubereitung **40 Min.** | Pro Person ca. **470 kcal, 20 g EW, 18 g Fett, 58 g KH**

1 Den Bärlauch waschen, trockentupfen und sehr fein schneiden. Getrocknete Tomaten abtropfen lassen und sehr fein würfeln. Frische Tomaten mit kochendem Wasser überbrühen, eiskalt abschrecken und häuten. Die Tomaten ohne Stielansätze fein würfeln und mit Salz, Pfeffer, 1 Prise Zucker, 1 EL Öl sowie knapp der Hälfte des Bärlauchs vermischen. Den Knoblauch schälen und dazupressen.

2 Für die Nocken Brühe und Milch einmal aufkochen. Maisgrieß nach und nach einrühren und unter Rühren »aufblubbern« lassen. Vom Herd ziehen und gut die Hälfte des Parmesans, getrocknete Tomaten und restlichen Bärlauch unterrühren. Alles bei sehr schwacher Hitze ca. 20 Min. quellen lassen, dabei eventuell einmal umrühren.

3 Den Backofengrill vorheizen. Eine breite ofenfeste Form mit dem restlichen Öl bepinseln. Aus der Polenta mit zwei Teelöffeln kleine Nocken formen und nebeneinander in die Form setzen. Die Polenta-Nocken im Backofen 3–5 Min. übergrillen. Inzwischen die Tomatenmischung in einer kleinen Pfanne erhitzen. Nocken aus dem Ofen nehmen, Tomaten darüber verteilen und mit dem übrigen Parmesan bestreut servieren.

klein und fein

FISCHRÖLLCHEN
MIT BÄRLAUCH-FÜLLUNG

1 TL getrocknete rosa Pfefferkörner (Schinus)
1 kleines Bund Bärlauch
80 g Ziegenfrischkäse
1 TL abgeriebene Schale von 1 Bio-Zitrone
Salz | Pfeffer
2 dünne Fischfilets ohne Haut (à ca. 130 g, z. B. Seezunge, Scholle oder auch Rotbarsch)

Für 2 Personen | Zubereitung **35 Min.** | Pro Person ca. **215 kcal, 27 g EW, 9 g Fett, 6 g KH**

1 Den Backofen auf 180° (Umluft 160°) vorheizen. Rosa Pfefferkörner in einer Schüssel mit einem Stößel grob zerstoßen. Bärlauch waschen, trockentupfen und ohne die groben Stiele ganz fein schneiden, 1 EL zum Bestreuen beiseitelegen. Den Rest mit rosa Pfeffer, Frischkäse und Zitronenschale vermischen, mit Salz und Pfeffer abschmecken.

2 Fischfilets mit der glänzenden Seite nach oben auf die Arbeitsfläche legen, salzen und pfeffern. Filets mit der Käsecreme bestreichen, aufrollen und mit der »Naht« nach unten in eine ofenfeste Form setzen. Form fest mit Alufolie oder einem passenden Deckel verschließen. Die Röllchen im heißen Ofen (Mitte) ca. 20 Min. garen. Mit restlichem Bärlauch bestreut servieren.

MEIN TAUSCH-TIPP

Rosa Pfefferkörner geben der Bärlauchcreme eine fruchtig süßliche Schärfe. Wer keine im Vorrat hat, nimmt einfach (etwas weniger) grob gemahlenen **schwarzen Pfeffer.**

MEIN SERVIER-TIPP

Dazu schmecken **Baguette** und bärlauchwürziger **Blattspinat**: 100 g Blattspinat verlesen, waschen. 1/2 Bund Bärlauch waschen, ohne die groben Stiele in Streifen schneiden. 1 EL Pinienkerne in einer Pfanne anrösten, herausnehmen. 1 EL Olivenöl in der Pfanne erhitzen. Spinat darin andünsten, etwas Gemüsebrühe zugießen, den Spinat kurz weiterdünsten. Bärlauch untermischen. Das Gemüse mit Salz, Muskat, Pfeffer und Zitronensaft würzen, mit den Pinienkernen bestreut genießen.

RAHMGESCHNETZELTES MIT BÄRLAUCH-PILZEN

einfach lecker

1 kleine Zwiebel
150 g Egerlinge (braune Champignons)
1 kleines Bund Bärlauch
300 g Schweinefilet (vom Metzger schnetzeln lassen)
1–2 EL Butterschmalz
Salz | Pfeffer
1 Schuss Portwein (ersatzweise Worcestershire-Sauce)
200 ml Fleischfond (aus dem Glas; ersatzweise Brühe)
100 g Sahne
1 gehäufter TL Speisestärke (nach Belieben)

Für 2 Personen | Zubereitung **35 Min.** | Pro Person ca. **505 kcal, 37 g EW, 33 g Fett, 14 g KH**

1 Zwiebel schälen und sehr fein würfeln. Pilze putzen, ganz kurz waschen, trockentupfen und feinblättrig schneiden. Bärlauch waschen und trockentupfen. Knapp die Hälfte der Blätter ohne die groben Stiele in Streifchen schneiden, den Rest fein schneiden und mit den Pilzen mischen.

2 Fleisch abtupfen und in 1 EL Butterschmalz in zwei Portionen in jeweils 3–4 Min. rundherum goldbraun braten. Fleisch aus der Pfanne nehmen, salzen und pfeffern.

3 Zwiebeln, Pilze und eventuell noch etwas Butterschmalz in die Pfanne geben und 2–3 Min. unter Rühren braten. Mit Portwein ablöschen. Fleischfond und Sahne angießen, aufkochen und sämig einköcheln lassen. Sauce mit Salz, Pfeffer und nach Belieben noch mit etwas Portwein würzen. Stärke mit 2–3 EL Wasser glatt rühren, dann in die Sauce rühren und alles nochmals aufkochen.

4 Das Fleisch unterrühren und in der Sauce erhitzen. Mit Bärlauchstreifchen bestreuen und sofort servieren. Dazu passen Spätzle oder Rösti (TK oder selbst gemacht, siehe Seite 14).

für Sonntage im Mai

MINI-TAFELSPITZ
MIT BÄRLAUCH-SCHAUM

1 l gut gewürzte Rindfleischbrühe (Instant)
1 TL schwarze Pfefferkörner
1 TL Safranfäden
500 g Tafelspitz oder Bürgermeisterstück (mageres Rindfleisch zum Kochen)
1 Bund Bärlauch
200 g Sahne
1 TL Speisestärke
1 Schuss Weißwein
Salz | Pfeffer
Muskatnuss, frisch gerieben

Für 2–3 Personen | Zubereitung **20 Min.** | Garzeit **90 Min.**
Bei 2 Portionen pro Person ca. **670 kcal, 58 g EW, 43 g Fett, 11 g KH**

1 Die Brühe einmal aufkochen. Pfefferkörner mit einem Stößel oder einem schweren Messer leicht zerdrücken und mit dem Safran dazugeben. Das Fleisch in den kochenden Sud legen. Hitze zurückschalten und das Fleisch zugedeckt bei schwacher Hitze ca. 1 1/2 Std. ziehen lassen, nicht kochen. Die Temperatur stimmt, wenn immer mal Bläschen aufsteigen.

2 Kurz vor Ende der Garzeit Bärlauch waschen, trockentupfen und ohne die groben Stiele fein schneiden. Knapp die Hälfte der Sahne steif schlagen.

3 Für den Bärlauch-Schaum die restliche flüssige Sahne in einem Topf aufkochen. 250 ml Fleischsud dazugießen und die Flüssigkeit bei großer Hitze in 5–10 Min. um die Hälfte einköcheln lassen. Stärke mit dem Wein glatt rühren, in den Sahnesud einrühren. Alles unter Rühren cremig einkochen. Sauce mit Salz, Pfeffer und Muskat kräftig würzen. Bärlauch und geschlagene Sahne unterrühren. Sauce nochmals kurz mit dem Pürierstab oder dem Mini-Quirl aufschlagen.

4 Das Fleisch aus dem Sud nehmen, quer zur Faser in dünne Scheiben aufschneiden und mit dem Bärlauch-Schaum servieren.

BÄRLAUCH CROSSOVER

scharf!

ASIA-FISCHBÄLLCHEN
MIT BÄRLAUCH-DIP

200 g Kabeljaufilet ++ 3 TL Fischsauce ++ 4 TL Limettensaft ++ 1 TL geriebener Ingwer ++ 1 EL Speisestärke ++ 1 Ei (Größe S) ++ 1 kleines Bund Bärlauch ++ 1 kleine frische rote Chilischote ++ Salz ++ brauner Zucker ++ 1 EL Öl ++ Öl zum Frittieren

Für 2 Personen | Zubereitung **25 Min.** | Pro Person ca. **485 kcal, 22 g EW, 38 g Fett, 13 g KH**

1 Fischfilet kalt abspülen, trockentupfen, klein schneiden und zusammen mit 1 TL Fischsauce, 1 TL Limettensaft, Ingwer, Speisestärke und dem Ei mit dem Stabmixer pürieren.

2 Bärlauch waschen, trockentupfen und ohne die groben Stiele fein schneiden. Chili putzen, waschen, entkernen und fein würfeln. 1 TL Chiliwürfel und 1 EL gehackten Bärlauch unter die Fischmasse mischen. Masse leicht salzen und kurz kühlen.

3 Für den Dip 1 Prise Zucker mit 1 EL Öl, übriger Fischsauce und restlichem Limettensaft glatt rühren. Übrigen Bärlauch und restliche Chili untermischen.

4 Aus der Fischmasse walnussgroße Bällchen formen. Frittieröl erhitzen. Fischbällchen darin in 4–6 Min. rundherum knusprig frittieren. Auf Küchenpapier entfetten und mit dem Dip servieren.

Tex-Mex-Snack

GARNELEN-WRAPS
MIT BÄRLAUCH-MAYO

2 große Weizen-Tortillas
(Fertigprodukt aus dem Supermarkt)
1 kleines Bund Bärlauch
1 Bio-Limette
4–5 schöne Salatblätter
100 g geschälte und gegarte Garnelen
1/4 Honigmelone
2 EL Mayonnaise
(aus dem Glas oder aus der Tube)
1 EL Naturjoghurt
Cayennepfeffer | Salz

Für 2 Personen | Zubereitung **20 Min.** | Pro Person ca. **500 kcal, 13 g EW, 15 g Fett, 21 g KH**

1 Tortillas nach Packungsanweisung im Backofen aufbacken, dann nebeneinander auf die Arbeitsfläche legen. Inzwischen Bärlauch waschen, trockentupfen und ohne die groben Stiele fein schneiden. Limette heiß waschen und trockenreiben. 1 1/2 TL Schale abreiben. Aus einer Hälfte den Saft auspressen. Die Salatblätter waschen und trockenschleudern.

2 Garnelen mit 1 EL klein geschnittenem Bärlauch und 1–2 TL Limettensaft würzen. Melonenstück schälen und entkernen; das Fruchtfleisch fein würfeln und unter die Garnelen mischen.

3 Mayonnaise mit Joghurt, Limettenschale und 1 TL Limettensaft glatt rühren, restlichen Bärlauch untermischen. Mit 1 kräftigen Prise Cayennepfeffer, Salz und eventuell mit Limettensaft würzen.

4 Tortillas bis auf einen kleinen Rand mit Bärlauch-Mayo dünn bestreichen. Salatblätter darauflegen und mit restlicher Mayo bestreichen. Garnelenmischung darauf verteilen. Tortillas unten ein wenig einschlagen, dann straff zu einer Rolle aufrollen und jeweils in einer Serviette servieren.

KANN ICH AUCH TK-GARNELEN NEHMEN?

Kein Problem! Garnelen auftauen lassen, abspülen, trockentupfen und in 1 EL Öl 3–4 Min. braten. Aus der Pfanne nehmen, dann mit Salz, Bärlauch und Limettensaft würzen und abkühlen lassen.

frühlings-frisch

GEMÜSE IN KOKOS-BÄRLAUCH-SAUCE

1 walnussgroßes Stück Ingwer
1/2 grüne Chilischote
100 g Zuckerschoten
1 Bund dünne Frühlingszwiebeln
1 zarter junger Zucchino (100 g)
1 dünne Bundmöhre (ca. 80 g)
50 g frische Mungobohnensprossen
1 Bund Bärlauch
1 EL Öl
1 Dose ungesüßte Kokosmilch (400 g)
2–3 EL Sojasauce
Salz | Zucker

Für 2 Personen | Zubereitung **25 Min.** | Pro Person ca. **535 kcal, 20 g EW, 45 g Fett, 45 g KH**

1 Ingwer schälen und klein würfeln. Chilischote waschen, putzen, entkernen und in feine Streifen schneiden. Zuckerschoten waschen und schräg halbieren. Frühlingszwiebeln putzen, waschen und mit dem zarten Grün in 2–3 cm lange Stückchen schneiden.

2 Zucchino waschen, putzen und würfeln. Möhre schälen und schräg in Scheibchen schneiden. Sprossen in einem Sieb waschen und abtropfen lassen. Den Bärlauch waschen, trockentupfen und ohne die groben Stiele in feine Streifen schneiden.

3 Den Wok oder eine Pfanne erhitzen. Das Öl hineingeben. Ingwer, Chili und Frühlingszwiebeln darin 1 Min. unter Rühren anbraten. Möhren 1 Min. mitbraten. Zucchini und Zuckerschoten dazugeben und ebenfalls 1 Min. mitbraten.

4 Sprossen unterrühren. Die Kokosmilch angießen, einmal aufkochen und 3–5 Min. einköcheln lassen. Die Hälfte des Bärlauchs unterrühren. Alles mit Sojasauce, Salz und 1 Prise Zucker abschmecken und mit restlichem Bärlauch bestreut servieren, z. B. zu Basmati-Reis.

indisch inspiriert

HÄHNCHEN
MIT JOGHURTMARINADE

2 Hähnchenbrustfilets (à 160 g)
je 1 TL Saft und Schale von 1 Bio-Zitrone
Salz | Pfeffer
150 g Naturjoghurt
1 TL Honig
15 g geröstete, gesalzene Pistazien in der Schale
1 kleines Bund Bärlauch
1/2 TL gemahlener Kreuzkümmel
Muskatnuss, frisch gerieben
2–3 Prisen Chilipulver
Öl für die Form

Für 2 Personen | Zubereitung **40–50 Min.** | Marinierzeit **mind. 6 Std.**
Pro Person ca. **723 kcal, 56 g EW, 43 g Fett, 24 g KH**

1 Hähnchenfilets kalt abspülen und trockentupfen. Jedes Filet in 2–3 Stücke schneiden, diese in einen Suppenteller legen und ein paarmal knapp 1/2 cm tief einschneiden. Das Fleisch mit Zitronensaft beträufeln, salzen und pfeffern.

2 Joghurt mit dem Honig verrühren. Pistazien schälen, fein hacken und unterrühren. Den Bärlauch waschen und trockentupfen. 3–4 Blätter beiseitelegen, den Rest ohne die groben Stiele fein schneiden. Zerkleinerten Bärlauch, Zitronenschale, Kreuzkümmel, 1 Prise Muskat und Chilipulver unter den Joghurt rühren. Die Marinade mit einem Löffel auf und unter dem Fleisch verteilen. Alles mit Folie abdecken und mindestens 6 Std. oder über Nacht im Kühlschrank ziehen lassen.

3 Dann den Backofen auf 180° (Umluft 160°) vorheizen. Eine ofenfeste Form ölen. Hähnchenfleisch hineinlegen und im heißen Ofen 20–30 Min. garen. Restlichen Bärlauch in feine Streifchen schneiden. Das Hähnchen damit bestreut servieren.

WARUM WIRD DAS FLEISCH EIGENTLICH EINGESCHNITTEN?

So kann die bärlauchwürzige Joghurtmarinade das Hähnchenfilet noch intensiver aromatisieren.

schnell was Deftiges

MAKKARONI
MIT BÄRLAUCH UND CHORIZO

250 g kurze Makkaroni (oder in Stücke gebrochene lange) ++ Salz ++ 1 kleines Bund Bärlauch ++ 50 g Chorizo (Paprikawurst) ohne Haut in dünnen Scheiben ++ 1 zarter Zucchino (ca. 100 g) ++ 1 EL Olivenöl ++ Pfeffer

Für 2 Personen | Zubereitung **20 Min.** | Pro Person ca. **615 kcal, 22 g EW, 14 g Fett, 100 g KH**

1 Für die Makkaroni reichlich Wasser aufkochen und salzen. Bärlauch waschen, trockentupfen und ohne die groben Stiele in feine Streifen schneiden. Chorizo ebenfalls in Streifen schneiden. Den Zucchino waschen, putzen, längs in 4–5 Scheiben, dann diese quer in Streifchen schneiden.

2 Nudeln im sprudelnden Salzwasser nach Packungsangabe bissfest kochen. Inzwischen in einer Pfanne das Öl erhitzen. Die Chorizostreifen darin 1 Min. anbraten. Zucchinistreifen zugeben und 1 Min. mitbraten. Beides noch 2–3 Min. unter Rühren weiterbraten, dann die Hälfte des Bärlauchs unterheben, alles vorsichtig salzen und pfeffern.

3 Makkaroni in ein Sieb abgießen, abtropfen lassen und unter die Chorizo-Mischung rühren. Restlichen Bärlauch drüberstreuen. Alles in der Pfanne servieren.

CHICKEN-WINGS
MIT BÄRLAUCH-SALSA

Hähnchen-Frische-Kick

1 kleines Bund Bärlauch
1 kleine gelbe Paprikaschote
1 frische rote Chilischote
1/2 Bund Frühlingszwiebeln
1/2 Bio-Limette
4 EL Olivenöl
Salz | Pfeffer
je 2–3 Prisen gemahlener Kreuzkümmel und Paprikapulver
8 große Chicken-Wings (à ca. 100 g)
Öl für die Form

Für 2 Personen | Zubereitung **45 Min.** | Pro Person ca. **675 kcal, 42 g EW, 51 g Fett, 8 g KH**

1 Backofen auf 220° vorheizen. Den Bärlauch waschen und fein schneiden. Paprika- und Chilischote putzen, waschen und hauchfein würfeln. Die Frühlingszwiebeln putzen, waschen und klein schneiden. Limette heiß waschen und trockenreiben; die Schale abreiben und den Saft auspressen. Bärlauch mit knapp 2 EL Öl, Limettenschale und dem klein geschnittenen Gemüse verrühren. Salsa mit Salz, Pfeffer, je 1 Prise Kreuzkümmel und Paprika sowie etwas Limettensaft abschmecken und kühl stellen.

2 Eine flache große Form mit Öl bepinseln. 2 EL Öl mit 1 Spritzer Limettensaft, knapp 1 TL Salz und je 2–3 Prisen Pfeffer, Kreuzkümmel und Paprika würzen.

3 Chicken-Wings kalt abbrausen, trockentupfen, mit dem Würzöl einreiben und mit der Hautseite nach unten nebeneinander in die Form legen. Im heißen Ofen (oben) 10 Min. garen, wenden und 10–15 Min. weitergaren. Zum Schluss den Backofengrill einschalten. Die Chicken-Wings in 1–2 Min. knusprig grillen und sofort mit Bärlauch-Salsa servieren. Dazu schmeckt Fladenbrot.

Die Autorin

Susanne Bodensteiner ist studierte Literaturwissenschaftlerin und arbeitet seit vielen Jahren als freie Food-Autorin. Ob für Familie oder Freunde: Sie kocht leidenschaftlich gern mit frischem Grün, hegt, pflegt und liebt Kräuter aus aller Welt – von Ananasminze bis Zitronengras. Im Frühjahr aber gibt's in ihrer Küche nur einen grünen Favoriten: Bärlauch!

Der Fotograf

Klaus-Maria Einwanger ist selbstständiger Fotograf in Rosenheim. Vor Ort und im Ausland arbeitet er für Zeitschriften, Buchverlage und Werbeagenturen. Kreativ setzt er dabei Food-Spezialitäten aus aller Welt perfekt ins Bild. **Daniel Petri** (Foodstyling) unterstützte ihn tatkräftig bei diesem Projekt.

Die Temperaturangaben bei Gasherden variieren von Hersteller zu Hersteller. Welche Stufe Ihres Herdes der jeweils angegebenen Temperatur entspricht, entnehmen Sie bitte der Gebrauchsanweisung. Bei Elektroherden können die Backzeiten je nach Herd variieren.

Programmleitung: Doris Birk
Leitende Redakteurin: Stephanie Wenzel
Redaktion: Alessandra Redies
Lektorat: Claudia Lenz
Korrektorat: Waltraud Schmidt
Layout, Typographie und Umschlaggestaltung: Lucie Schmid, independent Medien-Design, München
Illustrationen Seite 4, 48 und U3: Betti Trummer, Karlsruhe; außer S. 4, fünfte von oben und U3 Nr. 5 und 7: Harold Lazaro, Backyard10, München
Satz: Filmsatz Schröter, München
Herstellung: Gloria Pall
Reproduktion: Penta Repro, München
Druck und Bindung: Druckhaus Kaufmann, Lahr

ISBN 978-3-8338-0659-9

1. Auflage 2007

GRÄFE UND UNZER

Ein Unternehmen der GANSKE VERLAGSGRUPPE

DAS ORIGINAL MIT GARANTIE

DAS ORIGINAL MIT GARANTIE

Ihre Meinung ist uns wichtig. Deshalb möchten wir Ihre Kritik, aber auch Ihr Lob erfahren, um als führender Ratgeberverlag noch besser zu werden. Darum schreiben Sie uns! Wir freuen uns auf Ihre Post und wünschen Ihnen viel Spaß mit Ihrem GU-Ratgeber.

Unsere Garantie: Sollte ein GU-Ratgeber einmal einen Fehler enthalten, schicken Sie uns das Buch mit einem kleinen Hinweis und der Quittung innerhalb von sechs Monaten nach dem Kauf zurück. Wir tauschen Ihnen den GU-Ratgeber gegen einen anderen zum selben oder ähnlichen Thema um.

GRÄFE UND UNZER VERLAG

Redaktion Kochen & Verwöhnen

Postfach 86 03 13
81630 München
Fax: 0 89/4 19 81-113

oder schreiben Sie uns eine E-Mail:
leserservice@graefe-und-unzer.de

100 JAHRE GANSKE VERLAGSGRUPPE

GU Just Cooking

Die brandneuen »Klein, aber oho!«-Kochbücher

Preis je Band: 4,90 € [D]

ISBN 978-3-8338-0666-7
48 Seiten

ISBN 978-3-8338-0670-4
48 Seiten

ISBN 978-3-8338-0667-4
48 Seiten

Änderungen und Irrtum vorbehalten.

Das macht sie so besonders:

Einfach einsteigen – mit ein, zwei Happen Küchenpraxis

Einfach loskochen – mit gelingsicheren Rezepten

Einfach gut essen – und voll im Trend genießen

G|U

Willkommen im Leben.

ÜBER DEN TELLERRAND

1 Geschichte(n) Die Kelten in Wales nutzten die Blätter als Dopingmittel für müde Krieger. Und auch die alten Germanen hofften auf Bärlauch-Power: Sie verzehrten das frische Grün, um den Körper nach langen Wintern zu reinigen. Im Mittelalter sollte das auch Hexenzwiebel genannte Kraut Dämonen und Schlangen vertreiben, ein Bärlauchsüppchen – in der Walpurgisnacht gelöffelt – sollte böse Geister fernhalten. **2 Heilsam** Im 16. Jahrhundert galt Allium ursinum als probate Medizin bei Appetitlosigkeit und Magen-Darm-Beschwerden. Tatsächlich besitzt Bärlauch – wie Knoblauch – wertvolle antibiotische Wirkstoffe. Die Blätter enthalten Vitamin C sowie wichtige Mineralien. Viele Genießer schwören auf die blutreinigende, durchblutungsfördernde und cholesterinsenkende Wirkung. **3 Muntermacher** Angeblich lassen sich Bären Bärlauch als erstes Kraut nach dem Winterschlaf schmecken. Daher kommt wohl auch der Name. Ob Bärlauch auch gegen Frühjahrsmüdigkeit hilft? **4 Erstauflage** Noch vor wenigen Jahren war das Trendkraut unserer Tage weder auf deutschen Märkten noch in deut-